貧乏少年、大統領になる

李《イ》明博《ミョンバク》の信仰と母の祈り

小牧者出版

まえがき

この証しは、李明博《イミョンバク》氏がまだソウル市長であった二〇〇四年五月十四日に、韓国のキョンヒャン教会で彼自身が語ったものです。

彼は社員が数十人という零細企業だった現代建設に入社し、二九歳で取締役、三六歳で社長、四七歳で会長に就任し、現代建設を韓国のトップ企業に押し上げました。この証しの当時は現代建設を退職し、ソウル市長として活躍していました。中でも有名なのは、都市災害の危険があると言われていた清渓川《チョンゲチョン》を復元させるという大プロジェクトを成し遂げたことです。

清渓川《チョンゲチョン》とは、三十年ほど前までソウル中心部を西から東に流れていた川です。この川は市民の生活排水を流していたため、下水のにおいや洪水などの問題が絶えませんでした。そこで一九五八年から約二十年にわたって、川にふたをする工事を進め、川を完全に覆ってしまいました。さらに高架道路が設置され、道路の両側に小規模店舗や露店がところ狭しと立ち並んだのです。

ところがこの清渓川《チョンゲチョン》高架道路が老朽化し、危険な状態となりました。高架道路を作り直すか、清渓川《チョンゲチョン》を復元させるかという大議論の末、二〇〇二年の市長選挙で清渓川《チョンゲチョン》復元を公約に掲げた李明博《イミョンバク》氏が当選。一気に清渓川《チョンゲチョン》復元事業が進みました。こうして二〇〇五年一〇月、アスファルトに覆われていた清渓川《チョンゲチョン》は生態河川として生まれ変わりました。この川の復元により、ヒートアイランド現象も減少しました。

この証しを読んでいただければ、李明博《イミョンバク》氏がどのように問題を乗り越えてこのプロジェクトを成し遂げたのか、どのような生い立ちが今の彼を作ったのか、大統領になるまでの心の軌跡が伝わってくるでしょう。

CONTENTS

以前の清渓川（東大門付近）

清渓川復元完成予定図

工事完了後の清渓川

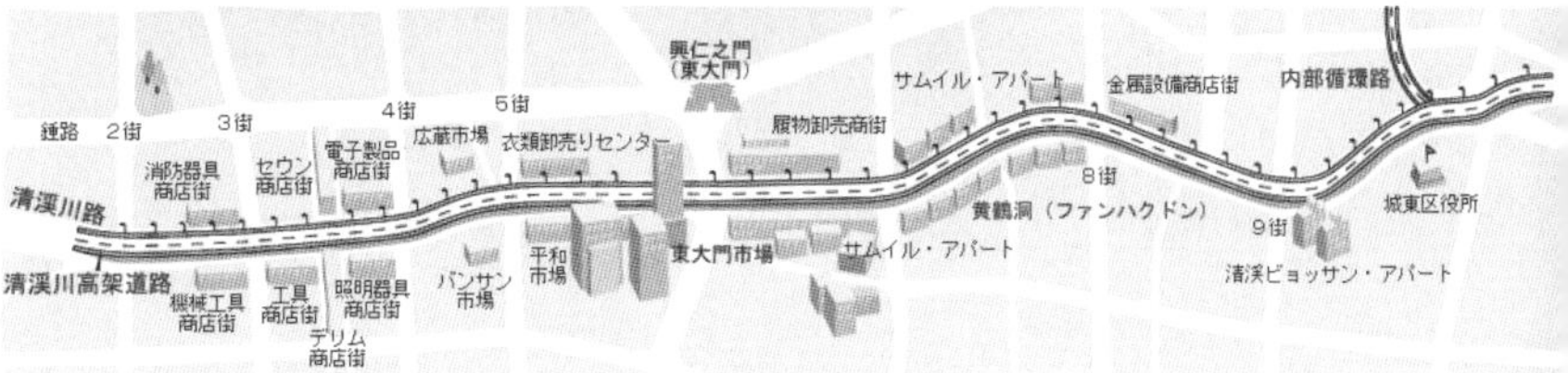

1章　「ブルドーザー」と呼ばれた男

清渓川《チョンゲチョン》復元の舞台裏

私がソウル市長となることを許してくださった神様に、日々感謝していま す。

清渓川《チョンゲチョン》を復元させたことについて、人からよくこのような質問を受けます。

「この周辺で商売をしている二十二万人近い人々と、六百の団体を、いったいどうやって説得したのですか？」

また最近外国から来られた人たちも、「自分もこのようなことをしたかったけれど、商店や住民たちの反対でできなかった。あなたはどうやって二十二万人の人たちを説得したのか？」と聞いてきます。

実際のところ、私には二十二万人を説得するような能力はありません。ところが不思議に彼らは納得したのです。ですから私は、この質問に答えるすべがありません。私には、清渓川《チョンゲチョン》復元のために前々から祈りをもって助けてくださった方々がいるのみです。

清渓川《チョンゲチョン》が覆われた上には高架道路が建ち、その左右には多くの屋台が立ち並んでいました。そこには千人あまりの露店商がいます。彼らは長い年月、生きていくために苦労して働いています。しかし清渓川《チョンゲチョン》を復元するためには立ち退いてもらわなければなりません。話し合いは進まず、警察に介入してもらうこともできません。警察官は私に、「この人たちを立ち退かせたら、五人や十人は自殺してしまうに違いない」と言いました。

私は屋台を開いている露店商にこう話しました。二〇〇三年十一月末のことです。

「ここは必ず空けてもらわなければなりません。経済的にも苦しいと思いますし、皆さんも食べていかなければいけないと思いますので、いきなり追い出すわけにもいきません。ですから現在使っていない東大門《トンデムン》サッカー場のグラウンドで商売をしたらどうでしょう」

するとその露店商は、「市長はちっとも分かっていませんね。わざわざ屋台のあるところを探してまで訪ねてくる人なんていないのです。だからこそ、私たちは違法であっても、お客様が通る道端で商売をしているんじゃないですか」

「これから寒い冬が来るが、雨風をしのぐこともできるし、水道の設備も整えてあげるので、ぜひ移ってください」

こうして説得を続けた結果、そのうちの八十パーセントが「どうせ移らなければならないのなら」と東大門《トンデムン》運動場の中に入りました。しかし残り二十パーセントは絶対に入らないと反対を続けていました。

ところが二カ月ほど経って、すごいことが起きました。東大門《トンデムン》運動場に、入り切れないほどのお客さんが押し寄せて来たのです。その数、平日は五万人、休日は十五万人くらいです。そこで働いていた露店商たちは、「今まで店をやっていて、こんなにたくさんのお客さんが来たのは初めてです」と言いました。

ついに問題が発生しました。清渓川《チョンゲチョン》で屋台を続けていた二百人くらいの反対派の人たちの商売が立ち行かなくなったのです。困り果てた彼らは「自分たちも入れてください」と言い出しました。私はこう言いました。

「すぐに入ることはできません。三カ月後に入ってください。最初から言うことを聞いた人と聞かなかった人を同時に入れるのは不公平ですから」

最初入って来た方たちは比較的穏やかな方たちなのですが、残った方は強引な方たちばかりなので、入れ方を間違えれば、最初に入った方たちが追いやられてしまうでしょう。そこで私は、最初に法律を守った人たちが安定するまで、三カ月という期間を設けたのです。ともかく彼らが「入れてください」と言ってくれたことは、本当に感謝なことでした。

「こんなことは未だかつてありません。すぐに彼らを入らせましょう」と何度も言われましたが、私は受け入れませんでした。すると反対派だった人たちはさらに、「一カ月だけ早めて、二カ月後に私たちを入らせてください」と言ってきました。ついに私は彼らが入るのを許可しました。今、彼らの商売はとてもうまくいっています。

多くの人々が私に聞きます。いったいどうやって、そんなに多くの人を説得することができたのかと。しかし私は説得していません。ただ東大門《トンデムン》運動場に入ってくださいと命令しただけです。私も、東大門《トンデムン》でこんなに商売がうまくいくとは夢にも思っていなかったのです。一度はそこに入っても、近いうちにどこかに出て行ってしまうに違いないとばかり思っていました。

しかし彼らは、「世界にこんなことは二つとない」と言って、二〇〇四年二月に世界露店商大会を東大門《トンデムン》運動場で行ったのです。全世界で露店商をやっている方たちがソウルに集まって来ました。私はこんな大会は初めて見ました。東大門《トンデムン》運動場に入ってみると、彼らもこのような大会は初体験であることが分かりました。私は彼らが道端に溢れたり、ソウル市庁まで押しかけたりして無秩序になるのではと心配しましたが、その大会は運動場の中だけで行われました。これは驚くべきことでした。

それまでは、たとえ露店商を取り締まる命令が出されても、担当者が取り締まりを行った数日後には、すぐに戻って来てしまっていました。そして再び、上から取り締まるようにとの命令が出されるのです。このようないたちごっこが続くと、結局担当者は、取り締まる日を事前に露店商たちに知らせ、捕まらないようにしなさいと伝えるようになるのです。取り締まる意味は全くなってしまうのです。

ところが今回はどうでしょう。露店商たちはかえって「これからもずっと東大門運動場《トンデムン》で商売をやらせてください。移らなければならないなら、もっと良い条件のところに移してください」と言い、完全に清渓川《チョンゲチョン》から撤退したのです。また、私は知らなかったのですが、彼らはこんなことを言っていたそうです。

「李明博《イミョンバク》市長も、清渓川《チョンゲチョン》周辺で露店商をやっていたそうですよ。同業者だった彼と争うことはないんじゃないですか」

どうやって二十二万人にもなる商売人を説得したか、千人くらいの露店商を説得したか。私は答えを持っていません。ただ笑うほかないのです。私がいつも笑っているので、みんなは私にものすごい秘密があるように思っています。しかしそうではないのです。ただ神様に感謝するばかりです。

学校に行けない人たち

最近、ソウルの経済状況は非常に厳しい中にあります。ソウル市には三十六万人ほどの高校生がいますが、去年、家庭状況が厳しくなって急に高校を辞めた学生は一万人に上ります（被生活保護者たちは除く）。その一方で、生活保護者はどんなに生活が厳しくても、ソウル市からお金を出してもらえるので学校に通うことができます。つまり、普段何の問題もなく学校に通っていた一万世帯の家庭が、突然職を失ったり、破産したりして、学校に通うことができなくなってしまったのです。私は大変驚きました。

一万人以上の高校生が学校を辞めるということは、彼らの就職も困難となり、未来も絶望的なものとなってしまいます。これは大きな社会問題となるでしょう。

私は二〇〇三年十二月にその話を聞いて、ソウル市すべての校長五百人を集め、こう尋ねました。

「これは大変なことになりましたね。校長先生が先生を辞めても、将来の心配はないかもしれませんが、高校も卒業できずに社会に出て行く子どもたちの未来はどうなるのでしょうか。それでも皆さんは落ち着いて夜眠ることができますか?」

今回のことで私は、この一万人以上の学生たちにソウル市からお金を出して、彼らを卒業をさせることを決めました。今年の一月、緊急に校長先生たちを呼び出して、去年から家庭の状況で学校を辞めた学生を推薦してくれれば、彼らが卒業するまでソウル市が全額を支援すると通知しました。今までに五千人分の学費を払いました。

おそらく、世界を見ても、学生を卒業させるためにここまでやった例はほかになかったのではないかと思います。私はなぜ、ここまでのことをしたのでしょう。

2章　母の教育

貧しい暮らし

私は自分なりに精一杯努力してここまで来ました。幼いときからお金を稼ぎながら勉強してきたので、一日の睡眠時間は平均して四時間に満たないほどでした。今はそれが習慣になってしまい、何の苦労もせずに早天礼拝に行くことができます。アラームをセットしなくても、時間になったら自動的に目が覚めるのです。

私は今までの人生で、たくさんの峠を越えてきました。しかし振り返ってみると、それらは私の力ではとうてい乗り越えることのできないものでした。ですから私は、市長になってからよりいっそう神様に感謝しています。

私が子どものころ、両親と五人の兄弟の計七人が、わずか一間の部屋に暮らしていました。空き寺を貧しい人々で共有し、段ボールで間仕切りをして生活をしていたのです。

寺の天井は高かったため、上までふさぐことはとてもできません。そこで、人の身長程度の高さに合わせることにしました。そのため、普通に話していても隣りの住人に聞こえてしまいます。また、貧しい人ばかり住んでいましたので、誰かが夜遅く帰ってきたりすると一カ所でけんかが始まり、それが飛び火して大騒動になってしまうこともありました。

数十年ぶりの再会

隣りの部屋には、私と同じ年齢の男の子がいました。この家族はこじきをして生活をしていました。ところが、彼らは毎日ご飯をちゃんと食べているのに、私たちはそれさえできませんでした。私と同じ年の男の子は、いつもドアを開けてご飯を食べます。あるときは私に「自分はこんなにご飯を食べてるよ」と自慢までしてきました。私はそのころ、彼らの方が自分たちよりはるかに良い生活をしていると思っていました。

一九九八年、私は国会議員を辞め、ジョージ・ワシントン大学にいました。あるとき、同胞二世たち四百人に講義をしてほしいと頼まれ、ロサンゼルスにやって来ました。そこに集まった人たちは、ほとんどが弁護士や教授でした。講義が終わると、「外で誰かが、李市長に会わせてくださいと言っています」と言われました。

外に出てみると、一人の男性が私を待っていました。よく見てみると、隣りに住んでいた彼だったのです。彼はロサンゼルスに住んでおり、ホテルまで私に会いに来てくれたのです。数十年ぶりの再会でした。私は次の日も朝からスケジュールが詰まっていたのですが、彼は私の手を握り、夜中の二時まで泣きながら話し続けました。

最後に彼は、「自分は子どもの時、あなたの家族より自分たちの方が暮らし向きが良いと思っていました。両親は、私のお腹が空くとどこかでご飯をもらってきて食べさせてくれたし、服が破れたらどこかでもらってきて着せてくれました。でもあなたのお母さんは食べるものがなくても自分の力で働き、それで得たお金で食べるように、服が破れたらそれを自分で縫って着るようにあなたを教育しました。

あなた方は皆お金持ちになれましたが、私たちの家族は今でもこじきのような生活をしており、自分はロサンゼルスに来て子どもたちを勉強させていますが、今も厳しい生活を送っています」と話しました。彼は、今になってこのことを悟ったのです。

敬虔なクリスチャンであった私の母は、このように神様の知恵で私たちを育ててくれました。母は「五人兄弟みんなが小卒や中卒では家庭に未来がない」と考え、長男をソウルの大学に行かせようとしました。そして私には、「長男が成功すれば、私たちの生活は今までよりも良くなると思うから、あなたはお母さんを手伝いなさい」と言いました。私は学校が終わると、母が頭に乗せていた荷物を自分の首にくくりつけて、母を手伝うようになりました。

人助けを学ぶ

そんな私の学生生活は、本来小学校までという状況でした。しかし一生懸命母を手伝ったので、母は私を中学校まで行かせてくれました。

そんなある日、母は突然「あなたも中学校に通えるくらいに大きくなったのだから、これからは人を助けなければならないのよ」と言いました。そして「近所のお金持ちの娘さんが結婚するんだけど、手が足りないと思うから、そこへ行って手伝ってあげなさい」と言うのです。

私は子どもの時から、人の助けばかりをあてにしていました。「誰かが私に古着でもいいからくれないかな？　誰か私に、うちのご飯食べなさいと言ってくれないかな」といったこじき根性を持っていたのです。ですからこのときも、私はてっきり母が、「今まで息子によく食べさせてやれなかったから、この機会にお手伝いをさせながら、ごちそうをたくさん食べてもらおう」と配慮してくれたのだと思いました。

しかし「行ってきます」と言って家を出ようとした私に、母は厳しい顔で、「あなたはそこで一生懸命手伝いなさい。でも、たとえ水一杯であっても飲んではいけないよ」と言ったのです。私はびっくりしました。なぜそこまでして行かなければならないのだろうと思いました。結局、母の命令に従ったも

の の、その家では私のことをこじき扱いして入れてくれませんでした。

ところが母は「そんなことは気にせず、また別のところに行って手伝ってあげなさい」と言うのです。そんなことを繰り返していましたが、ある日、私は追い出されずに家に入れてもらうことができました。そこで水を運んだり、食べ物を運んだりしていると、私は一生懸命働いているにもかかわらず、その家の奥さんは、私のことをずっと監視しているのです。「こじきみたいな子が、手伝いを言い訳にして、物を食べたり盗んだりするのではないか」と思ったのです。しかし私は、母に言われたとおり、のどが渇いても、食べ物のにおいがしてもじっと我慢をして、汗をかきながら一生懸命働きました。

仕事を終えて帰ろうとしたところ、その奥さんに声をかけられました。

「今日あなたのことをじっと見ていたけど、自分の家のことでもないのに一生懸命頑張っている姿に感心したわ」

そして、私に食べ物を持たせてくれようとしました。それもこじきにあげるようにではなく、きれいに取り分けてくれ、「ここでは食べられないだろうから、持って行って、家族と一緒に食べなさい」と言ってくれたのです。しかし私は母に言われたことをかたくなに守り、断ってしまいました。一生懸命働いてお腹が空いていたのに、それでももらわなかった自分が何だか不思議で、誇らしく感じました。

母はその後もずっと、私に同じことをさせました。しかしそれからというもの、私はお金持ちの家にも堂々と入ることができるようになりました。「手伝いに来ました」と挨拶をし、仕事を終えたら「仕事が終わりましたので帰ります」と挨拶することができるようになりました。お金持ちの人の前でも、堂々と行動できるようになったのです。水一杯さえもらわずに働き続けることで、知らず知らずのうちに自信がつき、堂々とすることができたのです。

しかし母は、なぜそうしなければならないのか、理由は一度も教えてくれませんでした。

私が現代建設の会長を辞める時、チョン・ジュヨン会長はこう言いました。

「李《イ》会長は子どもの時、そんなに大変だったんですか。私が田舎から家出した時は、牛を売ってそのお金を持って来ましたよ。牛一頭でもいたから、あなたよりお金持ちだったね」

会長は、私が自分よりも苦しい人生を歩んでいたとはとても思えなかったと言うのです。またこうも言いました。

「私はあなたが入社してきた時、てっきりお金持ちの家で生まれ育ったお坊ちゃんだと思いました」

私にはすでに、こじき以上に悲惨だった過去の面影はありませんでした。お金持ちの人に会っても対等に接し、権力を持った人に対しても堂々と接待できるのは、すべて母のこの教育のおかげだったのです。

もし母が、私を子どものころからこじきのように教育して社会に出したなら、私はいつも人からの助けを求めながら人生を送っていたかもしれません。誰かが自分のことを助けてくれても、「何でこれしか助けてくれないんですか」と不満を言いながら、感謝することも知らずに生きていたかもしれません。しかし母は苦しい生活の中でも、このような方法で私を強くしてくれたのです。

意地悪な先生の助け

中学校を卒業する日が近づいて来た時、母は「これからは本格的にお金を稼いで、長男を大学に行かせよう」と私に言いました。その時私は、何も言えずに中学校を卒業し、母のことばに従って、本格的に働くことにしました。

中学校時代、私をひどくいじめていた先生がいました。私の家庭の事情など調べもせずに、私を不良扱いしたのです。私はその先生に会うのが嫌で、学校に行きたくなくなった時さえありました。

しかしある時、私たちの住んでいる空き寺に、その先生が訪ねて来たのです。どうやら私が卒業した後、偶然私の話を聞いたようです。先生は母に、「明《ミョン》博《バク》君が中学校の時、どんな境遇かも知らずに叱りました。それを考えるととても心が痛み、お母さんがこの子を高校まで行かせてくだされば、私の心も少

MEMO

【不良と間違われた理由】

李明博一家は飢えをしのぐために、酒の卸屋で酒かすを買って食べていた。酒かすとはお酒を作ったときに残るかすのこと。酒かすの中でも一番粗悪なものを買い、家族で分けて食べていた。一日二回の食事を酒かすで満たしていたため、明博はアルコールでいつもほおを赤く染めていた。そのため、学校では先生から「酒を飲んで歩き回る不良学生だ」と誤解されたのである。

しは楽になると思い、おじゃましました」と言ったのです。

私の母は五人の子どもを育てていましたが、先生に会ったのは今回が初めてでした。母は何も返事をせず、困り果てた先生は、家のあちこちを見回して帰ってしまいました。私は、それで終わりだと思いました。しかし、先生はまた尋ねて来たのです。

先生は「お母さん、明博《ミョンバク》君を高校に行かせるだけの経済的余裕がおありでないことは分かりました。この街には夜間商業高校があるのですが、そこに行かせるのはどうでしょうか。夜間高校と言っても、三年後には卒業証書もちゃんともらえます。社会に出て行くためには高校卒業の肩書きは必要です。夜間高校だけでも行かせてあげてください」と言いました。

母は、二回も訪ねてくださった先生に申し訳ないと思ったのか、やっと口を開きました。「夜間高校には入学金とかはないのでしょうか」と。先生は

「昼間お金を稼いで、夜に勉強すれば大丈夫ですよ」と言ってくれましたが、母は「昼間稼いだお金はほかに使うところがありますので、それはできません」と断りました。

しかし、驚くべきことが起こりました。あんなに意地悪だった先生が、また家に来たのです。そして「調べてみたところ、夜間商業高校の試験で一等を取れば入学金免除となり、学校に入ってからもずっと一等を取れば、学費も払わなくて済みます。チャンスを与えてあげてください。それでダメだったら、その時は私もあきらめます。とにかく試験だけでも一回受けさせてください」と言いました。先生はこう言って、必死に母に頼んでくれたのです。母はとうとう、「分かりました。明博《ミョンバク》が運良く一等を取って入ったとしても、二等になって学費をもらえなくなったら、その時は辞めさせます」と先生に言いました。

こうして私は、思いがけず夜間高校の試験を受けることになりました。これは本当に驚くべきことです。私のことをかわいがってくださった先生たちは、卒業後一度も連絡をくれませんでしたが、私のことを嫌っていた意地悪な先生が、私の家まで訪ねて高校の試験を受けられるようにしてくれたのです。

神様は、良い縁だけでなく、悪縁を通じても私が高校に入れる機会を与えてくださったのです。大人になってこのことを悟ってからは、自分のことを憎む人をも大事に思うようになりました。

ポン菓子を売った高校時代

私は三年間ずっと首席で、無事に高校を卒業することができました。面白いことに、このことで多くの人々は、私の頭がとてもいいのだと考えているようです。しかし、実は私の頭が良かったのではなく、学校のレベルが低かったのです。この夜間高校を卒業した学生の中で大学に入ったのは、私一人しかいません。これからもいないでしょう。なぜなら、その学校はもうなくなってしまったからです。田舎もだんだんと学生が少なくなり、夜間学校はなくなっていきます。私の母校も、なくなってしまったのです。

私が現代建設の会長をやっていた時、夜間高校の校長先生から電話がかかってきました。

「李《イ》会長、あなたが忙しいのを知りながらも電話をしたのは、この学校が閉校することを知らせようと思ってね。この学校がこんなことになって、誰に知らせるべきかを考えてみたんだが、君一人がわが校から大学に行き、世界的に有名な会社の社長にまでなっている。知らせるべき人は、あなたしか思い浮かばなかったのでね」

私は高校生の時、生活のためにありとあらゆることをしました。夜間高校に入学したころ、母は道端でパンを焼いて売っていました。あれこれやってみた結果、決まった場所でじっと仕事をしたいと思って始めた仕事です。私は夜間高校に通いながら、昼間は母を手伝って仕事をして夜は学校に行き、学校から帰って来たらまた母のパンづくりを手伝いました。

三カ月がたったころでしょうか。ある日授業を終えて家に戻ると、母が改まった顔をしてこう言ったのです。

「もうあなたも子どもじゃないし、二人で一つの商売をやってもあんまり収入が入ってこないから、あなたはあなたでほかの商売をやりなさい」

高校へ入学してわずか三カ月で、私は母に独立を迫られたのです。私は「ほかのところでパンを売れ」という意味だと思ったのですが、母がどこからかポン菓子の機械を借りてきて「ポン菓子を売ると収入が良いというから、あんたはこれからこの機械でポン菓子を作る練習をしなさい」と言いました。最近では、これが自動化して作りやすいのですが、当時は炭火を使って適切な熱の調節もやらなければならず、とても難しかったのです。何日間もポン菓子を作る練習をしていたら、母が「練習はその程度でいいから、本格的な商売をやってみなさい」と言いました。そして母が私を案内してくれたのは、田舎に一つしかない女子高校の入口でした。夜暗い時でしたので、まさか女子高の入口だとは思いもしませんでした。

MEMO

【ポン菓子】

とうもろこしやお米で作ったお菓子。砂糖と一緒に機械に入れて熱して作る。出来上がった時に「ポン」というものすごく大きな音がするので、このような名がついた。

ポン菓子をつくる李明博市長

次の日、私が母に言われた場所で炭火を起こしていると、登校中の女子高生たちが急いだ様子でこちらへ走って来ました。私の服装は本当にみすぼらしかったので、いたたまれずに後ろの店に身を隠し、女子高生が全員学校に入ってから、出て来て商売を始めました。

しかし、朝は一時間くらいで済みますが、午後になると女子高生が頻繁に前を通るのです。私はその間ずっと身を隠しているので、商売になりません。私は考えた末、とても大きい麦わら帽子を買って、それをかぶってポン菓子を作ることにしました。女子高生が来ても、麦わら帽子さえかぶっていれば、顔が見えないだろうと考えたのです。そして女子高生が行き来する時間帯だけ麦わら帽子をかぶり、いない時には外しました。こうして、私は休まずにポン菓子を作るようになりました。しかし麦わら帽子をずっとかぶっていたので、ポン菓子はあまり売れませんでした。

悩んでいたある日、いつものように麦わら帽子をかぶってポン菓子を作っていると、どこからかげんこつが飛んできて私の頭を打ちました。驚いて顔を上げると、母でした。

母はひどく怒って、「男のくせに何が恥ずかしいのよ！」と言いました。「商売は、買う人と売る人が目を合わせなければいけないのよ。私がずっとここに立っていたのに、人が来たことも分からないで！　あなたは今物ごいをしているの？　堂々としなさい」と言いました。

私はその時、母を理解することができませんでした。心の中で、「母は無学だから、私がどれだけ恥ずかしいのか分からないんだ」と思いました。しかし母は、周りを気にせず私を叱りました。

相手の立場に立つということ

このような環境で生きてきたからかもしれませんが、私はソウルで高校を中退した多くの学生たちを見逃すことができませんでした。「どんな事情があるにせよ、ソウルでは高校を途中で辞めさせてはいけない」。これが私の目標となったのです。

私がソウルの苦しい家庭環境にいる学生たちに奨学金を払うことを決めると、公務員たちは「数千人の学生たちを体育館に呼び出して、そこで奨学金をあげたらどうですか?」と言いました。公務員たちが、私の顔を立てようとそのような行事を準備したのです。

私は三日前にこの話を聞いて驚きました。成績が良くて奨学金をもらえるなら喜んで来るでしょうが、家庭が崩壊し、生活が苦しく、勉強もできない学生たちにとって、このことはどんなに心を痛ませるでしょう。私はすぐにキャンセルするよう命じ、その代わりに学生たちに手紙を送りました。

「これは、私があなたを助けるのではありません。ただで学校に行かせてあげるのではなく、あなたが十年、または十五年後、社会に出て生活が良くなったら、あなたが助けてもらった分、あなたと同じ環境にいる後輩たちを助けてあげなさい。これは契約条件ではない。あなたが自分で守ってくれればそれでいいのです。

急に生活が苦しくなって誰かの支援を受けながら勉強をしなければならない、それだけでも自尊心が傷付くでしょう。あなたが社会に出て、生活が豊かになったら、その時は後輩たちの力になってあげなさい」

このように書いたのは、その子たちにやる気を起こさせるためです。「私は借りて学費を払っているわけで、もらっているわけではない」という気持ちを持たせようとしています。私も自分が貧しい時に、他人から助けてもらったことがあるので、気持ちがよく分かるのです。私たちは、人を助けたり、同情したりする時に、相手の気持ちまで考えなければなりません。しかし私たちは、自分の立場だけを考えてしまう傾向があります。

３章　道を切り拓いて

ソウルへ

私は高校の卒業式を待たずにソウルに行こうとしました。すると校長先生に「主席が卒業式にいなかったら、理事長賞はだれが受け取るの？」と言われました。校長先生はただ、卒業式に賞をもらう人がいないということだけを心配していたのです。

しかし、そんなことは私にはどうでもいいことでした。私はもう田舎の生活に飽き飽きして、一日でも早くそこから脱出したいと思っていました。しかし校長先生は、そんな私の気持ちを理解してくれなかったのです。そこで私は校長先生にうそをついてしまいました。「とりあえずソウルに行って、卒業式にまた戻ってきます」と。もちろん戻りませんでした。

もし校長先生が私の気持ちを理解してくれて、「先生が電車の切符を何とかしてあげるから、必ず来なさいよ」と言ってくれたなら、話はまた変わっていたでしょう。このことがあってから、私は何をするにも相手の立場から物事を考えるようになりました。

ドヤ街での暮らし

私はソウルに出て来たものの、行くあてもなかったので、ドヤ街に行きました。ドヤ街は非常に汚いのですが、眠れる場所があり、ご飯も食べることができました。お金持ちの家には近寄ることもできませんでしたが、ドヤ街には入り込むことができまし

MEMO

【ドヤ街について】

ドヤ街とは、日雇い労働者などの泊まる簡易旅館が多く集まっている地域のこと（大辞泉）。韓国では、このようなところを「ダルドンネ」と呼ぶ。「ダル」は月、「ドンネ」は村を意味する。日本では豊かな人たちの住まいを山の手と呼ぶのに対し、韓国では貧しい人々が山のふもとに住んだ。そのため、彼らが住むところは月が近いと言われてこの名がついた。

た。

私はソウルに来てから、寄せ場に通い始めました。朝の五時に行くと、すでに百人余りの人々が集まっており、建設会社や働き手の不足している所が人を連れて行きます。運が良ければ私も働けますが、運が悪ければその日の仕事はないのです。

私の番よりずっと前で打ち切られるならまだ我慢できますが、時には私の直前で打ち切られるのです。そのような時は、心を静めるのが大変でした。どうして私はこんなに運がないのだろうと思いました。その日雇われた人たちは一日忙しく働きますが、働きに行けない人たちは悔しい思いをしながら、近くのスーパーでツケで酒を買い、一日中酒浸りです。夜中には、けんかになることも多いのです。

ドヤ街には、貧しい人たちのためのアパートがあるのですが、家賃が上がって払えなくなると、だんだん上の階に上がらなければなりません。上に行けば行くほど人が多く、足の踏み場もない状態です。肩を横にして上がらなければなりません。その人の多さは、自分の存在価値が分からなくなるほどです。私はそこで暮らしていた間、一度も国の助けを受けたことがありません。

ここの住人が頭から血を流すほどのけんかをしても、警察は来てくれません。こんなに多くの人が住んでいるのに、トイレは一カ所しかありません。朝トイレが満員だと、それを待っている間に仕事がなくなってしまうので、皆思い思いに用を足します。そのようなひどい環境に置かれている人がいるにもかかわらず、区役所の人は一度も来なかったのです。

私は思いました。一体国は何のために存在しているのかと。自分も税金が払える状況ではなかったけれど、働くことを願う人たちに働くことのできる職場を与えるべきではないだろうか。このような所に住んでいる人たちにも、一年、あるいは二年、安心して眠れるようにするのが国のすべきことではないのかと。働くことができたら食べ、働き先がなければ食べるのにも困るなら、私にとって国の存在は意味がないのです。

私はこう考えました。「将来国のために何かできるとしたら、職場と寝床は必ず作ろう」と。働きたいのに働く場所がないということがどれほど苦しいことか、経験していない人にはその気持ちが分かりません。

最近、多くの政治家が青年の失業問題について語るのを聞くたびに、私は苦笑せざるを得ません。言うことだけは言うのですが、彼らは全く実感していないのです。働く場所があるということは、最大の祝福であると思います。

お金をあげても、何の役にも立ちません。働く職場を与えてあげなければなりません。若者たちに職場を与え、年を取った人には、その年に合った職場を提供しなければなりません。それでこそ、生きている喜びを感じることができるのです。私は若い時、それを感じることができなかったのが残念です。

大学中退の道

このような毎日を過ごしていたある日、神様は私に一つのアイデアを下さいました。

日雇いの現場では、高卒も中卒も同じ扱いでした。中学の先生は「高校を卒業しなければ世の中で生きてはいけない」と言ってましたが、労働者の世界では、高校卒業とか中学卒業ということは、あまり意味がないのです。そこで私はこう考えました。大学を受験して合格したなら、入学しなくても大学中退になるのではないだろうか。それならば自分の履歴にも役立つだろうと。こうして私は、大学受験を決心したのです。しかし、合格さえすればお金をかけずに大学中退になるだろうという考えは、私の思い違いでした。もし最初からそれが分かっていたら、私は大学受験などしなかったでしょう。

さて、大学受験を決心したものの、勉強するための本がありません。そのころ、清渓川《チョンゲチョン》周辺には古本屋がたくさんありました。私は古本屋に行き、「大学の受験勉強をするのですが、良い本を探してもらえませんか？」とおじいさんに聞きました。「文系ですか理系ですか」と聞くおじいさんに、私は「商科です」と答えました。しかし私にとって、どこの大学の何科かはどうでもよいことでした。何科であろうが、何大学であろうが、ただ受かることが大事だったのです。

彼は大学受験に関する本を、一生懸命に何冊も選んでくれました。しかし私が本代の半分しかお金を持っていないことが分かると、「朝っぱらからついてないな！」とひどく怒り出しました。そこで私は思わず、自分の今の状況を興奮しながら説明しました。おじいさんは私の話を聞いてくれて、「あんたも本当に大したもんだな」と言ってくれました。こうしておじいさんと心が通じて、「それじゃ、あんたが持ってる金だけ払って帰りなさい」ということになったのです。彼がそれほど怒らなかったら、私も自分の状況を説明することはなく、本を買うこともできなかったでしょう。ですから何事も、早目にあきらめることはないのです。

次に、どこの大学を受験すればよいのか悩みました。何のアイデアも情報もなかったからです。そんなある日、「鍾路《チョンノ》学園」に通っていた受験生に会いました。その人の目標は、高麗大学の経営学科でした。それを聞いた私は、高麗大学の経営学科に願書を出しました。高麗大学の経営学科がどれほど難しいか、私はつゆほども知りませんでした。

大学受験の三日前、私は突然高熱を出しました。近所のおばあさんは、私が熱を出しているのを見て「大学に入るわけでもないのに、何でここまでしながら受験するの。もう受験しないで自分の体調管理をしなさい」と言いました。言われるまでもなく、私ももうあきらめようと思っていました。

ところが、受験の前日におばあさんがやかんと薬を持って来ました。そして、「あんたがあんなに受けたがっていた受験なんだから、あきらめずに受けなさいよ」と言ったのです。一昨日来た時は、「もうあきらめなさい」とあれほど言っていたのに…。おばあさんは私のためにおかゆを作り、やかんと薬を一緒に持って来てくれたのです。その薬を飲み、おかゆを食べて、翌日試験を受けに行きました。一緒に受けた浪人生は落ちてしまいましたが、私は合格しました。ところが合格通知をもらって三十分ほどで、私は合格しただけでは中退にはならないことを知りました。

母はそのころ、ソウルにある昔ながらの市場の魚屋に許可をもらい、そのお店の前で、籠に魚を入れて売っていました。生活も安定していないので、父、母、妹の三人がぎりぎり眠れる部屋に住んでいました。たとえ大学に行けなくても、せめて大学に合格したことだけは、母に一番に伝えたいと思いました。私は商売をしている母の耳元で、高麗大学に合格したと報告しました。母は私のことではないと思い、「あ～そうなんだ」とだけ言いました。

「お母さん、私が高麗大学に合格したんです」

母は、私が試験を受けて合格したことが分かると、表情が明るくなり、何度も「あんたが試験を受けたの？　あんたが合格したの？」と聞いてきました。ところがしばらくすると、急に顔の表情が暗くなりました。そして「あんたは、一体何のためにこんなことをしたの？」と聞いてきました。母は、私が入学金をもらいに来たのだと思ってショックを受けたのです。

それに気づいた私は、「お母さん、私は大学に行こうと思ったわけではなく、ただ試験を受けてみただけです」と言って帰りました。

市場で働く

その後しばらくして、母が私を探しているといううわさを聞きました。私は住所不定だったので、向こうからは連絡の取りようがなかったのです。私は母を尋ねました。すると母は私に、「あなたが毎朝四時に起きて、市場の掃除をしてくれれば、入学費と登録費を先に貸してあげる」と言い出したのです。

後で分かったのですが、これはすべて、母のおかげでした。母は数少ない魚を売ってしまった後も家には帰らずに、置かせてもらっているお店が終わるまで待っていて、その一帯を全部掃除していたのです。わずかな魚を売ることを許してくれた人たちに感謝し、恩返しをするためです。母は一日も休まずに、雪の日も雨の日も掃除をしてあげました。市場でけんかが起きると、母はみんなを公平に扱い、きちんと仲裁をしました。

貧しい人々が集まって細々と商いをしている市場、その中でも最も貧しい母でしたが、このようにして市場中の尊敬を集めていました。そして、その母の息子が大学に合格し、お金がなくて入学できないといううわさが市場中に広まったのです。

それを聞いた市場の人々は、契約期間の終了が迫っている掃除夫を解雇し、私を雇い入れてくれました。その人は酒癖が悪く、掃除もろくにせず、寒いと出てこないような人だったのです。市場の人たちは、こうして私に環境美化員の仕事をくれたのです。そして「あの人の息子なら確かに信用できる」と、契約書一枚も交わすことなく、大学の入学金を前金で貸してくれたのです。

私は朝四時になると起きて、市場が始まる前に掃除をしました。ゴミをリヤカーに積み、漢江《ハンガン》近辺に捨てました。少ない時は四回、多い時には八回も往復しました。冬になるとゴミが全部凍ってしまい、捨てるのが大変でした。雪が降っても雨が降っても頑張って続けると、六カ月ごとに契約を延長してくれ、中退するつもりが卒業できることになったのです。

母の信仰

これは私の努力ではありません。母の信仰のおかげでした。母の信仰はこのように、行いの伴った信仰でした。汚い市場の中で、母はその信仰を行動で現したのです。母は、いつも微笑んでいました。市場に大変なことがあれば、一生懸命に手伝いました。また、手伝ったことについての代償はいっさいもらいませんでした。市場の人たちは母に、「あなたはクリスチャンなの?」と聞いていました。この世の中には、多くのクリスチャンがいます。しかし私の母は、行動でイエス様を信じているということを現していたのです。

聖書には「行いのない信仰は、死んでいるのです」ということばが記されています。市場の人たちは私を信じたのではなく、母を信じたのです。あの母親の息子なら、間違いなく信用できるだろうと信じてくれたのです。

4章　サラリーマン神話へ

生徒会長になる

ある日、私は生徒会長になろうと思い、選挙に立候補しました。

私は奨学金をもらうため、朝は市場の掃除をし、居眠りをしながらも一生懸命勉強に励みました。そのため、友だちを作る機会などありませんでした。これでは、卒業しても私のことを覚えている人など、一人もいないのではないかと思いました。それが嫌で、生徒会長に立候補しようと思い立ったのです。普通、生徒会長になるためには、同じ高校を卒業した人たちと協力していく必要があります。私には同じ高校の卒業生などいませんでしたが、それでも私は生徒会長に選ばれました。在学生たちは「あんな人は初めてだ」と言っていました。

なぜなら私は、一年生の時から軍服を黒くして、三年間ずっとそれを着て学校に通っていました。それを見た学生たちは、私の名前は知らなくても私の存在を知っており、「あの人は何か違うな」と思って投票してくれたのです。

しかしその後、私は学生運動をやり過ぎて、刑務所に六カ月間入ることになってしまいました。私は学費がもったいなくて、刑務所の中でも一生懸命に勉強しました。

就職できない

いよいよ卒業の時期が近づいて来ました。ところが就職試験を受けても、なぜか何度も落ちてしまうのです。実は学生運動が災いし、政府からの指示で私の名はブラックリストに載ってしまったのです。大韓民国では、もう私は暮らすことができなくなってしまいました。

すべてを諦めていたある日、「現代建設株式会社」で新入社員を選ぶという広告を見ました。小さい会社なら大丈夫だろうと思い、受けることにしました。

面接で、チョン・ジュヨン会長に初めてお会いし、「李君、もし内定したら、この会社に間違いなく入るの？」と聞かれました。良い大学を出ているのに、こんな小さな会社に本当に入るのだろうかと思っていたようです。私は内定を確信していました。就職したら一、二年働いて、それからほかのところに転職しようと考えていました。ところが、そこでも不合格となったのです。

私は最後の手段と思い、大統領に直接抗議しました。その過程で、私は著明な方々とも会うことができました。しかしとうとう、大統領は私とは会ってくださいませんでした。「李ナクセン民政担当秘書官のところに行きなさい」と言われたのです。私はもうだめだと思いました。二カ月間、あんなに頑張ったのに。悔しさのあまり、最後に大統領の秘書官を殴ってから帰ろうと思いました。しかし、不思議ことが起きました。けんかをするつもりで行ったのに、なぜか私は一言捨てぜりふを残し、笑いながらその部屋を出たのです。

一週間後、現代建設から内定通知が来ました。私はうれしくて本当に一生懸命に働きました。会社は次第に発展していきました。それから一年後、転職しようと考えていましたが、すべてにおいて中心的な役割を担っていたため、辞めることができませんでした。

私は現代建設で、大韓民国の与えうるすべてのことを学ぶことができました。誰も経験できないだろうと思うほどたくさんのことを経験したのです。一、二年で辞めようと思っていた会社ですが、今や現代は世界的な企業となりました。

入社後十二年目、三十五歳で私は社長となりました。私を面接した人たちが、皆私の部下となったのです。

社長就任式の当日、李ナクセン民政担当秘書官がお祝いに来ました。そこで「あの時、あなたが私に言われたことばを覚えていますか？」と言われました。私は正確には思い出せませんでした。

「あなたの一言を大統領が報告で知られ、あなたが現代建設に就職できるように計らってくださったのですよ」

「そうでしたか。私はその時、何と言ったのですか？」と聞くと、補佐官はこう答えました。

「一人の個人が自分の力で生きようとする道を国家が閉ざしたなら、国家はその個人に永遠の負債を持つことになります」

今考えてみると、どうしてこのような素晴らしいことばが言えたのだろうかと不思議に思います。むしろ私は、けんかをするつもりで行ったのです。

すべて、神様が行ってくださったことです。神様からの知恵は、まず平和です。このようなやさしく強いことばが、強い人をも動かして、私に働く機会を与えてくれたのです。自分で考えもしなかったようなことばを話したことで、私は「現代」に入社し、そこでめったに経験できないことをたくさん体験することができました。もし私が銀行や専門分野の会社に入っていたなら、今の「李明博《イミョンバク》」は存在しなかったと思います。もしもその時、自分の考え通りに秘書官を殴っていたら、私はもう一度刑務所に行かなければならなかったでしょう。

神様の摂理は、人間には分からないものです。私は、世が与える苦痛がどんなに苦しいものであったとしても、神様が私たちに大きな試練を与えてくださる時、その試練を感謝の心で生きるなら、神様が必ず試練にまさる大きな祝福を下さると信じます。

私は中学生の時、栄養失調で四カ月間、死線をさまよったことがあります。しかし今、私は誰よりも健康です。神様が大病を与えられましたが、再び健康を与えてくださいました。こじきよりも貧しい生活を送っていましたが、心はいつも豊かでした。

母は私たちを、心が豊かな人となるよう育ててくれました。大変厳しい環境でしたが、人のことをいつも助けようとする心の余裕を持ち、心豊かであるなら、いつか必ず神様は貧しかった分、大きな祝福を与えてくださると信じます。

5章　市長時代

母の祈り

一九六四年のことです。私は西大門《ソデムン》刑務所で六カ月を過ごしました。そして出所して一カ月後、母が亡くなりました。私が出所した時に、母は私に讃美と聖書のみことばを書いた手紙をくれました。私が出所した時、母はすでに話すことができませんでしたが、心は元気でした。とてもうれしそうに、讃美とみことばを書いてくれたのを覚えています。母が亡くなったとき、ともにお葬式を出すことさえできませんでした。通っていた教会も小さかったので、その教会から紹介をしてもらったある教会の墓地に、何とか母を仮埋葬することができました。

私たちは緊急な時、神様に「私を助けてください」と求めます。しかし同時に私たちは、神様がこたえてくださる「時」も自分で決めています。私の経験では、神様はご自身の方法で、ご自身のご計画に沿って答えを下さる方です。人が思っているように、自分が欲しい時にすぐ下さるお方ではありません。けれども私たちは、「助けてください」と祈ってすぐにこたえられないと神様を恨みます。時には神様はその場で答えてくださり、助けてくださいます。しかしそれは神様のご計画の中の一つであったので、早く答えられたのだと思います。

母は私たち七人家族と一間の部屋で寝起きを共にしていましたが、私たちが幼いころから、夜明けの四時になるとうつぶせで祈り、その祈りを一日も欠かしたことがありませんでした。大きな声で祈ると隣人とトラブルになるため、小さな声で祈りました。

まだ母の祈りが理解できない末の息子であっても、きちんと起こし、うつぶせにし、足を折らせ、ひざまずかせて、祈りが聞けるようにしました。私たちは二十年の間、ずっと母の祈りを聞いて育ちました。母は早天礼拝に行ってから市場に行き、夜中に帰って来ては、また翌日になると早天礼拝に参加しました。

母の祈りはとても単純です。私たちは、母の祈りを全部覚えています。母はまず、市場でイエス様を信じていない人たちのために祈ります。それから金持ちの息子が具合が悪いと聞くと、その息子が早く治るようにと祈ります。私たちはそんなとき、母に怒りを覚えました。

「金持ちの息子なら、薬を買って飲むことも、病院に行くこともできるでしょう。何でその息子のためにお祈りしなきゃいけないの？　お母さんどうかしてるんじゃない？」

私たちは母の祈りを理解することができませんでした。母はたとえ緊急なことであっても、自分のために何かを祈ったことがありませんでした。こうして母の祈りが最後まで来ると、ようやくソウルで勉強をしている長男のために祈ります。この祈りはとても長いものでした。その後に続く私についての祈りはとても短いものでした。一番最後の妹のための祈りは、それよりももっと短いのです。

私たち兄弟はやがて成長し、それぞれ離れて暮らすようになりましたが、皆夜明けの四時になると母の祈りを思い出し、今ごろ私の名前を挙げて祈っているだろうと思うほど、母の祈りを覚えていました。母がソウルに来て一間の部屋で亡くなるまで、その祈りは止まりませんでした。母以外はだれもイエス様を信じてはいなかったのですが、母が亡くなった後、皆イエス様を信じました。また、私たちは皆大学を出て、自分の仕事を持っています。

私の妻も最初はイエス様を信じなかったのですが、私の妻になるためにはイエス様を信じなければならないと言うと、ものすごいスピードでイエス様を信じました。今は母の話を聞いて、私たちの身内すべてが祈りの勇士となりました。母が生きている間にかなえられなかったこともありました。しかし母の死後、神様はその祈りをすべてかなえてくださったのです。

自分の経験を政策に

私がソウル市長になって行う政策は、ただの思いつきや、人気を集めるためにやっているわけではありません。すべて自分の経験に基づいたものです。昨年末、私が青年の時に住んでいたドヤ街が今もそのままであることが分かりました。

行ってみると、共同トイレだけは区役所が新しく作ったようでした。そこに住んでいるおじいさんたちに、「もしかしてここのトイレ、本当はあっちにあったんじゃないですか？」と聞くと、皆「どうしてそれを知ってるんですか？」と驚かれました。一回りしてみると、認知症を煩っているおじいさんを世話している家族に出会いました。

　彼らは朝早く働きに出かけて、夜になると帰って来て、おじいさんに朝ごはんの仕度をしてあげ、鍵を閉めてまた出かけます。再び夜に帰って来てドアを開けたとき、「あ、生きている」と言うのです。生きているのを喜ばなくてはならないはずではありませんか。しかしそのお年寄りたちは、生きていることに負い目を持って過ごさなければならないのです。たとえ家庭の暮らし向きが良くても、認知症のお年寄りの世話は大変なものです。まして今日一日を過ごすのも大変な思いをしている人たちにとって、それはどんなに大変なことでしょう。私はショックを受けました。ソウルにまだ、こんなところがあるのかと思いました。

調査してみると、ドヤ街でこのようなお年寄りを抱えている家庭が千三百世帯もありました。そこで私は、急いでソウル全域に療養所を建て始めました。この千三百世帯のお年寄りが亡くなるまで、すべてをソウル市が負担して治療することを計画しています。現在はすでに七百世帯が移り、残りの方々にも早く入っていただけるように準備を進めています。「自分など早く死ねばいい」と思っていた人たちが、設備の整った療養所で、喜びながら長生きしてくだされればと願っています。

現在、私たちの世界には改革派も保守派もありません。この地球上のどこに改革派、保守派があるのでしょう。貧富の差が大きくなり、権力者がその権力を乱用する一方で、権力のない人は被害を受けています。このような問題を政治的に利用するばかりでなく、ひどい貧困は一日でも早くなくさなければなりません。そしてそれは可能です。しかし、口にするだけでは実現しません。私たちが祈りながら、助けを受ける人の心や就職先のない人の心、病気にかかっている人の心を理解しようと努め、行動に移すことです。

私の目標は第一に、家庭の事情で学校に通えなくなった学生たちを卒業まで授助すること、ソウル全域で、夜間高校や職業高校であっても、学校に通えない学生たちをなくすことです。

次に、生計を立てるのも困難な状況の中で、家庭で認知症のお年寄りを抱えている人たちを、国が助けることです。国は無用な所に干渉する必要はありません。むしろこのように必要とされるところに干渉していかなければならないのです。干渉とは、助けることです。神様が私に多くの困難や苦しみを乗り越えさせて、市長という役割を下さったのは、神様からの召命があるからだと思います。

私の一番の心配は、「長老である市長が、あんなことをしていいのか」と非難されることです。多くの人が、私のために祈ってくれています。自分の生涯を通して、神様に大きな栄光をささげることはできなくても、神様に恥をおかけしないようにすることが、自分の使命であると思います。祈り、それを行動で表していくことが、神様から受けた召命に従うことだと思っています。

私たちの人生には、いつ何が起きるか分かりません。しかし神様は、どのような環境の中でも私たちを守ってくださり、祝福を下さいます。私たちが祈りながら、自分の行動によって、人から尊敬を受ける存在になるなら、神様は私たちを大きく祝福してくださり、この大韓民国を地球上で一番の国にしてくださることを信じます。

そして、私はいつも希望を持っています。神様を信じる人と信じない人には、違いがあります。神様を信じる人はどんなことがあっても絶望せず、希望を持つことができるのです。世の方法で生きるなら、飛び上がって喜ぶときもあれば、ひどく落ち込んで絶望してしまうこともあります。しかし私たち信仰者は、どんなに苦しくても神様が私たちの手を握っていてくださるので大丈夫です。

私たちはいつも希望を持たなければなりませんし、その希望は神様が実現させてくださいます。このことを信じます。

あとがき

二〇〇七年、十二月十九日午後八時。李明博《イミョンバク》氏は大韓民国の第十七代大統領となることが確定しました。午後十二時には、五三一万票差という、史上類を見ない圧勝であると報道されました。与野党の交代は実に十年ぶりのことです。

李明博《イミョンバク》氏は、三十代でトップ経営者となったことから「サラリーマン神話」と語られ、ソウル市長就任後一年で清渓川《チョンゲチョン》復元事業に取りかかり、二年三カ月でのスピード完工に「清渓川《チョンゲチョン》神話」と呼ばれました。今度はついに「大統領神話を実現した」と語られています。

その熱心な働きぶりが評され、「コムドーザー（コンピューター＋ブルドーザー）」と呼ばれている李明博《イミョンバク》氏ですが、清渓川《チョンゲチョン》を復元させるにあたり、四千二百回に渡って商売人たちに会い、彼らを説得しました。説得する過程で心が通じ合い、命がけで反対していた商売人の代表が感謝状を持ってくるという奇跡を体験したのです。彼は「決して自分一人の力では無理だった」と語ります。

彼は「電気プラグをコンセントに差し込んでこそ、電気を有効利用できるように、信仰によって焦点を神様によく合わせなければならない」と主張しています。なぜなら、神様からの電流は、信仰という電源を通して流れるものだからです。彼はそのことばの通り、ソウル市長在任中の四年間、出勤するとまず必ず祈り、その後で執務を行いました。すべての問題の解決策は神様から来ると彼は信じています。そして「私が最も尊敬するＣＥＯはイエス様です」と語っているのです。

貧乏少年、大統領になる

— 李明博の信仰と母の祈り —

2008年 2 月25日　初版発行
2008年 3 月24日　二刷発行

編　集　　小牧者出版 編集部

訳　者　　愼　映美

発　行　　小牧者出版

〒300-3253　茨城県つくば市大曽根3793-2
TEL: 029-864-8031
FAX: 029-864-8032
E-mail: saiwai_sub@agape-tls.com
ﾎｰﾑﾍﾟｰｼﾞ: www.agape-tls.com

乱丁落丁はお取り替えいたします。 Printed in Japan.
ISBN978-4-915861-25-2